AF226797

NOTES HISTORIQUES

sur

BOUSSAC

(Creuse).

Henri Ancapitaine, del.

Paris, Lith. ls Meyer & C.ie r Croix des Petits Champs, 37.

CHATEAU DE BOUSSAC (Creuse).

NOTES HISTORIQUES

SUR LA VILLE,

LE

CHATEAU DE BOUSSAC

ET LA

FAMILLE DE BROSSES.

Henri AUCAPITAINE,

MEMBRE DE PLUSIEURS SOCIÉTÉS SAVANTES.

PARIS,

DUMOULIN, LIBRAIRE DE L'ÉCOLE DES CHARTES,

QUAI DES GRANDS-AUGUSTINS, 13.

1853.

NOTES HISTORIQUES

SUR LA VILLE,

LE CHATEAU DE BOUSSAC

ET

LA FAMILLE DE BROSSES.

. . . .
. . . . . . Lorsqu'après avoir quitté le Berri, cette terre classique de la féodalité, le voyageur entre dans la Marche par la route pittoresque de Sainte-Sévère, il est frappé du caractère spécial qui distingue cette région des pays voisins et même du

reste de la France. Des coteaux escarpés, à peine couverts de quelques cultures, coupés à pic par de vives arêtes ou surplombés par des masses granitiques, puis descendant brusquement par plateaux, forment de profondes moraines capables de contenir des torrents et où coule à grand peine un mince filet d'eau. . . . .

. . . .

Placées sur différentes élévations, les quelques maisons qui composent la petite ville de Boussac présentent un aspect bizarre qui ne nuit point à l'œil; elle est dominée par son vieux château, un de ces rares morceaux d'architecture féodale, autrefois si abondants, mais qui, jour par jour, croulent sous le marteau de l'industrie ou les exigences de la vie actuelle. Déjà, il a subi un coup mortel, lorsque la Révolution lui abattit ses pignons aigus; mais tel qu'il subsiste aujourd'hui, il est encore digne d'attirer l'attention de l'artiste ou de l'archéologue.

L'histoire de la ville de Boussac est celle de son château, de même que celle du château représente une des plus anciennes familles de la noblesse française qui a joué un grand rôle dans les guerres de nos provinces.

Située dans l'ancien pays des Lemovices (Gaule), aujourd'hui la Marche, au point de vue physique, la seigneurie de Boussac (1) a cependant appartenu politiquement au Berri, des lettres du duc Jean, datées de Paris, août 1405, ratifiées au mois d'août suivant (2) par Charles VI, décidèrent, à la requête de Pierre de Brosses, seigneur de Boussac, de Sainte-Sévère et de Malval, que Boussac et Sainte-Sévère avec toutes leurs châtellenies et dépendances (3) étaient du duché de Berri, quoique

---

(1) On disait la ville de Boussac en Boussacois... « et parce qu'elle est de ce costé et endroict la dernière ville du Berry, les paysans et rustiques, l'appellent par équivocque le Bout-du-Sac. » Chaumeau, *Histoire du Berry*, p. 264. In-folio, Lyon. Ant. Gryphius, 1506 ; c'est le plus ancien historien du Berri.

(2) *Ordonnance des Rois de France*, t. IX, p. 94.

(3) Voyez à la fin de cet opuscule, la liste des châtellenies et fiefs relevant de la ville de Boussac, ainsi que les droits seigneuriaux de justice et redevance.

sous le rapport spirituel elles relevassent du diocèse de Limoges , devenues taillables avec le Berri et non avec le Limousin (4) ; les habitants furent affranchis par le maréchal de Brosses, sous la condition de payer chacun annuellement un boisseau de froment au seigneur, comme redevance du droit de bourgeoisie. Les affaires de la commune étaient régies par quatre Consuls (5), nommés chaque année devant le Bailli de la justice ; par ceux qui sortaient de charge. Jusqu'à la Révolution , la ville de Bous-

---

(4) Raynal, *Histoire du Berry*, t. 1 , page LV. Qu'il me soit ici permis de rendre hommage au véritable talent de l'historien du Berri ; peu d'ouvrages sont aussi bien traités ; on ne peut que lui reprocher de n'avoir rien laissé à glaner derrière lui.

(5) *Histoire du Berry*, par Thaumas de la Thaumassière, écuyer, seigneur de Puy-Ferrand , avocat au Parlement— 1669.— François Toubeau,— Bourges,— liv. VIII, p. 649. Cet ouvrage , ainsi que celui de Chaumeau , est devenu rare ; c'est une compilation assez indigeste de la noblesse du Berri ; il est cependant utile à consulter pour l'exactitude de ses coutumes locales.

sac envoya un subdélégué à Bourges et à Château-roux.

Comme presque partout où subsiste un vieux monument, on y rattache le nom du conquérant des Gaules; ici, en effet, une chronique populaire fait remonter la fondation du château de Boussac à Jules César (50 ans avant J.-C.). Une autre, aussi mal fondée peut-être, quoique plus vraisemblable, en attribue l'érection à Léocade, sénateur romain, gouverneur de presque toutes les Gaules, et auquel les seigneurs de Déols font remonter la souche de leur famille. Rien dans son architecture, ne peut cependant autoriser à croire à une aussi haute antiquité. Il est beaucoup plus probable qu'à la place de quelques constructions de cette époque fut élevé le château actuel, ou du moins une partie. Ce serait au dixième siècle, ainsi que peut l'attester son système de fortification; mais ce fut surtout au quinzième que par les nouvelles constructions faites par le maréchal de Brosses, qu'il prit l'aspect actuel.

Sa position sur la crète d'un rocher, haut de près

de quarante mètres (les constructions ont vingt-six mètres de hauteur de la base à la corniche), rappelle les seigneurs féodaux du moyen-âge, ces chevaliers à bras d'airain, qui, modernes Titans, entassaient Pelion sur Ossa, et dont les castels rivalisaient avec l'aire des aigles dont ils avaient le courage, mais trop souvent la rapacité.

Vue du bas de la rivière, rien de plus sévère que cette imposante construction élevée sur des blocs gigantesques d'un granit schisteux à l'aspect dénudé, où croissent à grand peine quelques plantes rabougries. Les plus hautes falaises des côtes de Normandie peuvent seules donner une idée de cette masse à laquelle il ne manque que le mugissement de la vague pour représenter un nouveau Mont-Saint-Michel.

Le château accessible d'un seul côté par un sentier tortueux, coupé à pic dans le roc, présente une sortie analogue aux poternes de notre système de défense moderne, atteste les soins minutieux pris contre les éventualités d'une attaque imprévue. Une large douve l'étreignait de l'autre côté, défendu par une tour gigantesque si vaste qu'elle pouvait, disait-on, contenir le Roi et toute sa cour; elle fut démantelée sous le règne d'Edouard III; l'entrée principale de la place d'armes existe encore aujourd'hui, c'est une tour ronde également ruinée. De vastes souterrains superposés s'étendent, dit-on, sous la place; leur entrée qui existait dans les rez-de-chaussées du château (6), est aujourd'hui comblée. A l'extérieur des murs régnaient des galeries appuyées sur des corbeaux par lesquelles on communiquait extérieurement aux tourelles et pouvaient servir de défense, on en aperçoit encore quelques traces.

Le bâtiment octogone qui sert d'entrée actuelle à la Sous-Préfecture, est ce qu'il y a de plus curieux

---

(6) Ainsi que je m'en suis convaincu par la visite des caves du château, elles sont taillées dans le roc vif. L'entrée de souterrains existe dans les fondations mêmes de la tour, elle est obstruée par des terres qu'il serait facile d'enlever.

comme morceau d'architecture. Une charmante porte ogive ornée de trèfles et d'élégantes feuilles de chou frisé, portant dans son triangle les armoiries parlantes des de Brosses, des fenêtres à talon, font l'ornement de cette jolie tourelle à pans coupés contenant l'escalier principal. Les fenêtres du dernier étage ne présentent plus que les informes débris de hautes arêtes à feuilles de vigne et de chêne, riche application du style religieux flamboyant.

A l'intérieur, la salle des *Gardes* est sans contredit ce qu'il y a de plus remarquable comme specimen des constructions intérieures du moyen-âge, c'est une sorte de caserne où les routiers féodaux attendaient les commandements du Maître : très élevée, cette salle a quinze mètres soixante centimètres de long sur huit de large, elle est éclairée par deux fenêtres pratiquées dans le mur, divisées en quatre baies par des meneaux prismatisques, accompagnées de deux bancs également pris dans l'épaisseur des murs qui est de deux mètres trois centimètres; mais ce qui attire surtout l'attention, ce sont deux cheminées gigantesques ou plutôt deux chambres à feu ; l'une d'elles, la plus grande , a plus de six mètres de pourtour (7), bien de nos boudoirs modernes n'atteignent pas la grandeur de ces *monuments*, car c'est, je crois, le seul nom qui leur soit applicable ; la plus petite, sans doute celle d'honneur, est surmontée d'un écusson aujourd'hui gratté. Cette salle est précédée de plusieurs locaux où sont également de gigantesques cheminées en rapport avec la grandeur de leurs salles, mais il n'en est pas une, où des arbres entiers n'eussent pu consumer à l'aise.

. . . .

Le silence le plus profond règne aujourd'hui dans ces immenses salles où retentissait jadis le chant joyeux des soldats ; qui de nous n'aimerait à se représenter les types de joyeux lansquenets et de féroces écorcheurs assis devant ces feux, jouant aux dés, tels que nous les ont peint les ballades et les

---

(7) Elles ont 1^m 80^c de profondeur ; la hauteur de l'ouverture est de 2^m 15^c, et la hauteur totale de 4^m ; elles sont ornées de plusieurs cordons en saillies formant couronnement et support.

romans? . . . .

retraçant à notre imagination les obscurités éclai-
rées des toiles de l'école Hollandaise. . . . .

Du balcon de la chambre haute, placé dans la
tour centrale, on découvre un bel horizon, les deux
collines du Mont-Barlot et de Toul-Sainte-Croix (8);
tandis qu'aux pieds, coule dans un ravin profond
et accidenté un bras sinueux de la petite Creuse.

---

(8) Le Mont-Barlot est remarquable par les blocs granitiques connus sous le nom de Pierres-Jo-Mathes, re-
gardées à tort comme des monuments druidiques. Elles
ont été récemment publiées dans un de nos meilleurs
recueils périodiques illustrés, le *Magasin Pittoresque* (1851),
et dans l'*Ancien Bourbonnais*, t. II, p. 391. Ces blocs ont
acquis une certaine popularité en France, depuis que
George Sand y a placé une page d'un de ses romans :
Jeanne. Toul-Sainte-Croix, situé sur une seconde col-
line est, selon un écrivain (Barraillon, *Recherches sur
plusieurs monuments celtiques ou romains*, in-8°, Paris,
Dentu, 1806.), l'antique Tullum, mais l'exactitude de ce
fait est contestable; néanmoins, l'emplacement d'une ville
romaine y est avéré, et des fouilles bien dirigées y se-
raient du plus haut intérêt.

Dans un des salons actuels du Sous-Préfet, on voit trois pans de tapisserie de haute lisse (9). Ces trois morceaux excitent dans le cœur un sentiment indéfinissable de pitié, quand on songe qu'elles furent exécutées au château de Bourganeuf (Creuse), sous la direction du malheureux prince oriental Zizim (10), qui, sous le froid et brumeux

---

(9) Il en existe trois autres morceaux roulés dans un coin de l'Hôtel-de-Ville de Boussac; il est vraiment malheureux de les voir perdre, tant sous le rapport historique que sous celui de l'art; deux sont à peu près semblables à celles du château ; la troisième représente une femme sous une tente orientale, regardant des bijoux ; elle est peut-être d'une exécution supérieure aux autres. Voici la taille de ces tapisseries, elle est, à de légères variations près, la même pour toutes : 3^m de longueur sur 2^m 50^c de largeur.

(10) Zizim ou plutôt Djem, fils de Mahomet II, disputa longtemps le trône à son frère Bajazet II. Deux fois vaincu, il chercha un refuge près de Pierre d'Aubusson, grand-maître de Rhodes, qui, après lui avoir promis des secours, l'abandonna lâchement. Il fut transféré de prison en prison, passa des mains d'Innocent VIII à Alexandre VI,

climat de la Marche, cherchait à s'entourer des sou-
venirs de ce chaud et voluptueux ciel d'Orient qui
l'avait vu naître. L'Almée du Sérail, la sultane fa-
vorite, y est toujours représentée entourée de plantes et d'animaux orientaux, tantôt elle fait de la
musique, elle admire ces bijoux ou reçoit un éten-
dard armorié à écusson semé de croissants. Au point
de vue de l'histoire, et surtout du fini de l'exécution, ces tapisseries sont des plus remarquables. Je
ne comprends guères comment un historien du pays (11)
a pu les regarder comme d'origine Turque, il n'en
avait sans aucun doute jamais vus, elles ont été très
probablement tissées à Aubusson? et peuvent rivali-
ser avec les plus magnifiques produits des Gobelins.

---

puis enfin à celles du roi de France, Charles VI, qui (en
1481) le fit amener par le sire de Blanchefort, neveu du
grand-maître, dans la ville de Bourganeuf, où il fit, dit-
on, bâtir la tour qui porte son nom. Transporté de nouveau en Italie, le malheureux prince mourut empoisonné
à Naples, à l'instigation de son frère (1495).

(11) V. Joulietton, *Histoire de la Marche et du pays de
Combrailles*, p. 155. Deux vol. in-8°, Guéret, 1815.

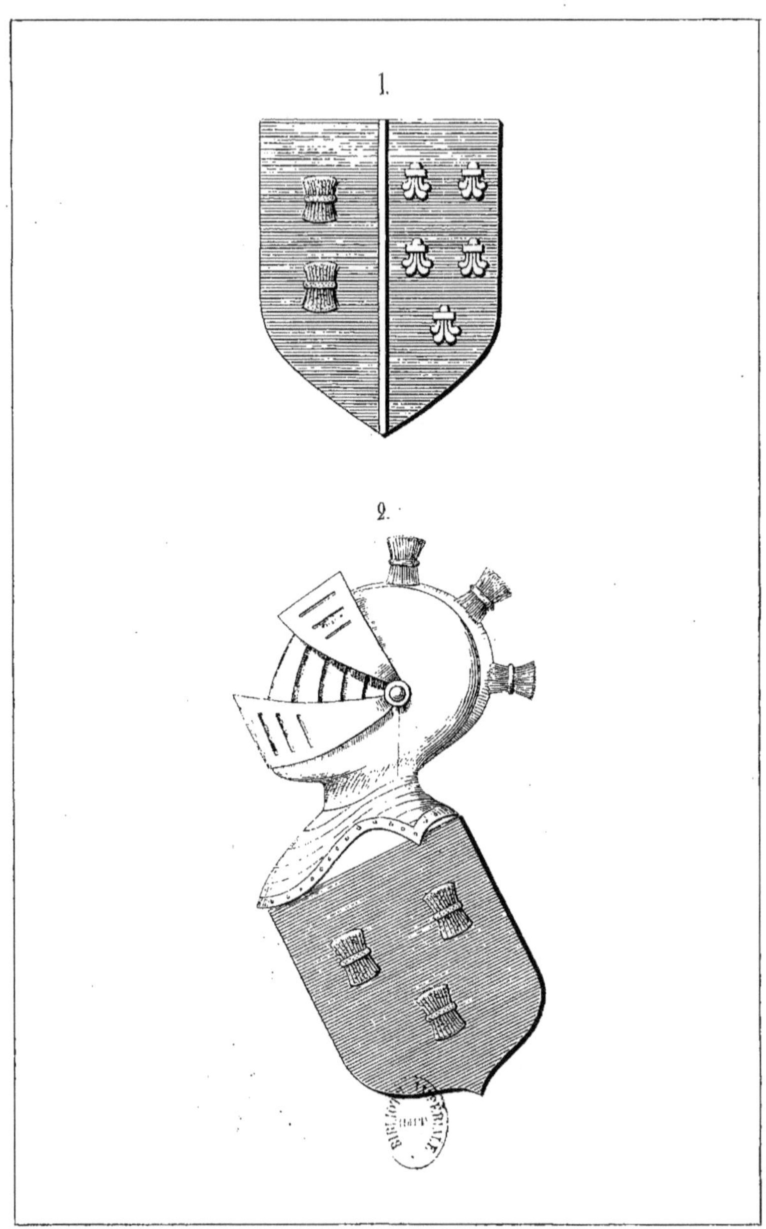

(1). Alliance du DUC DE BROSSE, avec la petite fille du Duc de Bretagne NICOLE DE CHATILLON.

(2). Famille de BROSSE.

Les charpentes du bâtiment sont remarquables par leur légèreté, qui figure une vaste nef ou un vaisseau en construction. Enfin, avant de terminer ce qui regarde le château en lui-même, je dirai pour me résumer ce que Monstrelet disait du château de Pierrefonds (12) : « *c'est un chatel moult bel et par-* « *faitement édifié et défensable, bien garni et rempli de* « *toutes choses appartenant à la guerre.* »

. . . .

. . . .

Peu de familles ont joué un aussi grand rôle dans la féodalité française, et surtout dans l'histoire du Berri et de la Marche, si riches cependant en grands noms, que les de Brosses; cette famille est toute l'histoire de la ville et du château de Boussac. . . . .

Après avoir fait partie du patrimoine des princes

---

(12) Le château de Pierrefonds, bâti en 1390 par Louis, duc d'Orléans et de Valois, ruiné sous Louis XIII, est un type de l'architecture militaire féodale en France.

2.

de Déols (13), c'est par l'alliance d'Ebbes de Déols avec Roger de Brosses en 1244, que la terre et le château de Boussac passèrent à la famille de Brosses qui les devait illustrer de l'éclat de son nom ; il gagna un procès à la comtesse de Marche, au sujet de l'érection de fourches patibulaires sur les confins du territoire, et mourut en 1287, laissant trois fils, dont l'un, Guillaume de Brosses, fut évêque de Meaux, archevêque de Bourges, et mourut au siége de Sens, en 1338 ; au nom de ce prélat se rattache la consécration (14) d'un des plus beaux monuments

---

(13) Les seigneurs de Déols, princes du Bas-Berri, barons de Châteauroux, châtelains de La Châtre, Argenton, Aigurande, Cluis, Saint-Chartier, etc., prennent pour souche Léocade, sénateur romain, gouverneur des Gaules Narbonnaises et Aquitaines ; le dernier de la race fut Raoul, prince de Déols, baron de Châteauroux, mort dans un voyage de Terre-Sainte, en 1176. — Porte pallé d'or et six pièces de gueules. — Voyez La Thaumass. *Hist. du Berry.* — Généalogie des princes de Déols, p. 503.

(14) Guillelmus de Brociâ dedicavit ecclesiam Bituricensem dominicâ ante festum sancti Nicolaï æstivalis, ut

religieux de France, la basilique Saint-Etienne de Bourges.

Mon intention n'étant que de mentionner les célébrités de la famille de Brosses et non une généalogie complète. Je passe immédiatemment à Louis de Brosses, qui résigna en 1330 un droit de faire battre monnaie (15), et fut tué le 5 septembre 1356, avec André de Chauvigny, en défendant le roi Jean à la bataille de Poitiers (16). Son fils fut le célèbre con-

---

habetur in quodam veteri libro dictæ ecclesiæ. — Patr. Bitur. N. B. Il. 124. — Raynal, *Hist. du Berri*, t. 2., p. 369.

Pour plus amples détails, voyez le grand ouvrage du Père Romelot sur la cathédrale de Bourges et les autres monographies de ce monument.

(15) Droit dont il n'avait jamais usé.

(16) Voy. Froissard. — *Chroniq.*, t. 2., p. 356 et suiv.

Louis de Brosses fut inhumé, avec les autres membres de sa famille, dans l'église de Saint-Martin-D'Huriel avec cette simple épitaphe :

« ...... Est enterré en ceste sépulture de Saint-Mar-
» tin, messire Loys de Brosse, seigneur de Sainte-Sé-
» vère..... qui fut fils de messire Pierre de Brosse, et

seiller et chambellan du roi Charles VII, grand maréchal de France; il était né au château en 1375, et épousa, le 20 août 1419, Jeanne de Naillac, fille de Guillaume de Naillac, vicomte de Bridiers (17). Et il

---

» trespassa le dict messire Loys à la bataille de Poictiers,
» en la compagnie du roy Jehan, roy de France, l'an
» 1356 au mois de septembre. ».....

Cette terre d'Huriel avant de passer à Pierre de Brosses, premier du nom, appartenait à Pierre de La Roche-Dragon, par Marguerite de Montluçon, sa femme; les nobles hommes qui en relevaient, étaient Guillaume de Châteauneuf, François de Puyguillon, Guillaume de l'Aage, Philippe du Puy, Hugues de Limonte, Gadiffort de Malleray et Guillaume de Viersat; il y a aussi un chevalier du nom de Pierre de Brosses, seigneur de la Brosses et de Laugière, qui était sans doute de la même famille que son suzerain. Les de Brosses fondirent l'église de Saint-Martin, et devinrent hauts barons de la terre d'Huriel, d'où relevait vingt-trois paroisses, plus tard ils y établirent une collégiale de onze chanoines.

(17) La maison de Naillac est des plus illustres de Berri, elle a produit un grand-maître de Saint-Jean de Jérusalem, deux grands prieurs d'Aquitaine, un grand panetier de France, et nombreux chevaliers — Hugues,

se chargea de l'odieuse mission de faire tuer Leca-
mus de Baulieu, gentilhomme Auvergnat, favori du
Roi. Il se trouvait au siége d'Orléans avec Jeanne
d'Arc qu'il accompagna dans presque toutes ses expé-
ditions ; ce fut alors que pour ses bons services,
il fut créé maréchal de France par lettres de Meaux,
14 juillet 1426; il mourut en 1432, et malgré les
grands services qu'il avait rendus à la cause royale, il
fut presqu'excommunié comme insolvable. A cette
époque, les Anglais (règne d'Edouard III) démante-
lèrent le château, que le maréchal fit relever tel que
nous le voyons aujourd'hui, et son buste couronna
une des tours. Son fils Jean, seigneur de Boussac,
etc., contribua avec ses routiers à porter le désordre
dans le royaume que Charles VII venait de débarras-
ser des Anglais.

---

chevalier, seigneur de Neillac ou Naillac, du Blanc, de
Gargilesse, Châteaubrun, Mondon, etc., 1187, est le chef
de cette famille qui s'est fondue, en 1439, dans les maisons de Preuilly et de Brosses.

Porte d'azur à deux lions passant d'or, mis l'un sur
l'autre.

Ce fut pendant sa minorité, qu'Hugues de Chamborant, tenant garnison à la Souterraine, s'était mis au service de Marguerite de Malval, tutrice des enfants du maréchal; mais, par ses malversations, cette dame perdit tous ses droits à la tutelle, laquelle échut, par lettre royale du 13 janvier 1435, à Louis de Culan, amiral de France, qui fut obligé de venir mettre le siége devant le château de Boussac, pour réintégrer son pupille dans sa propriété (18); celui-ci intenta un procès à Hugues de Chamborant sous prétexte d'avoir contrefait son sceau. Il assista avec Arthus de Richemond, grand connétable de France, à la journée de Formigny; retourna en Guienne avec le bâtard d'Orléans (1450), qui le créa chevalier à son entrée à Bayonne, avec le comte de Penthièvre; il prit d'assaut (4 juin) la ville de Challais. Il fut le plus fidèle appui du roi Louis XI dans la fameuse guerre dite du Bien-Public, favorisant ainsi le coup

---

(18) D'Hozier, — *Armorial général.* — Généalogie des de Chamborant. — *Documents historiques*, 3ᵉ registre, 2ᵉ folio.

mortel porté à la féodalité française. Il avait par suite de son alliance avec Nicole de Penthièvre (19), des droits au duché de Bretagne; il laissa sept enfants dont l'un, Jean de Brosses, créa la branche dite de Bretagne, et épousa Louise de Laval, fille de Guy III, comte de Laval et de Montfort, qui eut pour fils René, complice du connétable de Bourbon, condamné à mort, tué à la bataille de Pavie 1524. Il s'était marié deux fois, sa première alliance fut des plus honorables; il épousa Jeanne, fille de l'historien Philippe de Comines, chambellan du roi Louis XI; il n'en eut qu'un fils, Jean, et deux filles, dont l'une, Charlotte, épousa François de Luxembourg, duc de

---

(19) Nicole Châtillon, dame de Blois, duchesse de Bretagne (par son père), comtesse de Penthièvre, fille de Charles de Blois, duc de Bretagne, arrière-petite-fille et héritière de Jeanne-la-Boiteuse.

« Il succéda (René de Brosses), l'an 1554, du chef de » sa femme, à Jean de Bretagne, au comte de Penthièvre, » Secherie, Cornouailles, Ports et Havres, d'entre » Coaïnon et Arquenon et autres seigneuries. »

La Thaumass. Hist., p. 656.

Penthièvre, colonel général de l'infanterie française. Sa première femme étant morte en 1514, il se remaria à Jeanne de Compeys de Greffi, dont il n'eut qu'une fille, Françoise, qui fut la seconde femme de Claude Gouffier, duc de Roanez, marquis de Boisy, etc., grand écuyer de France.

Son fils, Jean de Brosses, réclama après le traité de Cambrai (1529), la restitution des biens et du château de Boussac, confisqués par suite de la félonie paternelle; il ne l'obtint qu'aux prix d'une honte, l'alliance avec la maîtresse de François Ier, la savante et célèbre Anne de Pisseleu (1536). Il rentra dans tous ses biens, fut créé duc d'Etampes, gouverneur de Bretagne, et mourut en 1564. Avec lui s'éteignit la postérité masculine de sa famille.

Portait d'azur à trois gerbes ou brosses d'or liées de gueules. Ces armes qui sont parlantes, ont été classées, à Versailles, parmi les armoiries de la salle des Croisés, sous le numéro 203. Elles sont sur la porte d'entrée de la tourelle octogone du château de Boussac, et sur la porte basse qui conduit à la salle des Gardes, on voit les trois brosses écartelées avec les

hermines de Bretagne, dernier témoin de l'alliance
d'un de Brosses avec un duc de Bretagne!......

. . . .

. . . .

Après l'extinction de cette noble famille, la seigneurie de Boussac appartint à différents maîtres,
entr'autres à César, duc de Vendôme, et bâtard de
Henri IV. Le dernier possesseur, François de Rhilac,
fit élever la terrasse qui conduit aujourd'hui au château.

Sa fille épousa Jean de Carbonnières, marquis de
Saint-Brice, dans la famille duquel cette propriété
resta jusque dans ces dernières années.

NOTES

ET

PIÈCES JUSTIFICATIVES.

FIEFS, DROITS SEIGNEURIAUX, ETC., RELEVANT DE LA BARONNIE DE BOUSSAC. (20)

« Les fiefs mouvants de Boussac sont Saint-Sau-
» vier, le Chier, Salvert, Montief-Ray, Jupille (qui
» a justice), Villebouche (ibid.), La Chassagne, La
» Motte-au-Groin (qui est jurable et rendable), Rou-

---

(20) J'ai cru devoir à la fin de mon travail reproduire ces notes statistiques de l'ouvrage de La Thaumassière, devenu rare aujourd'hui. La description de la ville répond parfaitement à la vignette publiée dans l'*Album de la Creuse*, ouvrage d'un mérite réel sous le rapport artistique et littéraire, fait par une réunion d'archéologues.

» zières, Lavillatte, Tellène, les Disme de Goubier,
» le Boucheroux, les Arses, Entraigues, Salveres et
» les Biesses, Puy-Maigre, Villaud, le Tremoulet,
» la Sizaine de Domerau, la Demie-Sizaine, les
» maisons et moulin de la Forêt-Chanon, Bidejun,
» Vaux-sous-Toux, le Thioulet, l'Age, Jarden, Mou-
» lin-Hennard, Bospêche, Servières, Fleurat, la
» Boissate, la Villatelle, le Cloux, Estables, Later-
» rade, Bastisses, Bestestes, le Soug, Nouzerines-
» le-Teil, l'Age, les Plats, Beaufort, Puyserez, Châ-
» teau-Chevrier, le Mont-Trenchard, Disme-du-Bou-
» chaud, Disme-du-Breul, l'Age-Barye, Moulin-du-
» Teil et du Bouis, la Viergne, Poinsouse, Lava-
» lette, Lavau, Mola, Mesauvier, le Puy-Carousse,
» Lussier-Manerbe, Juvigny et autres »..........
.... « Le seigneur a dîmes, fours et mou-
» lins bannaux de Banvin, laude, corvées, taille,
» mortaille et servitude hors la ville, laquelle ne doit
« que le droit de bourgeoisie. ».................
.... « Le seigneur a toute justice et droit
» de châtellenie dans la ville et dans les paroisses de
» Boussac; les églises de Leirat, Saint-Savoier,

» Saint-Pierre-le-Bost, Saint-Marian, Bussières,
» Saint-Georges, Nouzerines, Bestistes, Malereiz,
» Cluniac, Domeran, Rouzières, Champuix, Toulx-
» Sainct-Croix, Saint-Silvain-de-Baleroc, la Vauffran-
» che, Saint-Martial, la Brucire, Porsac, Pradeaux,
» Jalische ; les Justices de la Vauffranche, Godeix
» et Jupille ressortissent en celle de Boussac, et
» de là au baillage d'Issoudun, comme toutes autres
» appellations de Boussac. »..................

THAUM. DE LA THAUM. (Hist. du Berry, p. 649.)

DESCRIPTION DE LA VILLE ANCIENNE.

.... « Boussac est une petite ville d'environ
» cent maisons, ceinte de hautes murailles, flanquée
» de tours à dix toises les unes des autres (21). Il y
» a un fort château qui joint la ville, bâti sur un ro-

---

(21) On voit encore les vestiges de plusieurs de ces
tours et la porte dite la Grande-Route de Sainte-
Sévère.

» cher presqu'inaccessible, d'hauteur de plus de qua-
» rante piques, entre la rivière de Petite-Creuse et
» celle de Veyton. Les murailles en sont très épaisses,
» et munies de tours. . . . .
» L'église paroissiale est au milieu, près de la Gran-
» de-Place, où est la grande croix de pierre, à la-
» quelle on fait la procession tous les vendredis. A
» la sortie de la ville est le cimetière dans lequel il
» y a une belle chapelle dédiée à N.-D. de Pitié,
« proche laquelle est l'hôpital. »

TH. DE LA THAUMASSIÈRE (*Hist. du Berry,* p. 648).

On voit, d'après ce que nous fait connaître la Thaumassière, que Boussac a été beaucoup plus considérable, et est aujourd'hui bien déchu ; espérons qu'avec de nouvelles voies de communication, on lui rendra sa prospérité , et partant son importance primitive.

TITRES ET CHARTES

Se rapportant à la ville de Boussac, et cités par les Historiens du Berri et de la Marche.

Partage entre les filles d'Ebbes de Déols, seigneur de Châteaumeillant.— 1256.

Dons faits par Roger de Brosses à l'abbaye des Pierres. — 1267.

Contrat de Mariage d'Ythiers de Magnac et de Bellasses, de Brosses. — 1283.

Partage entre Louis et Pierre de Brosses. — 1321.

Fondation d'une vicairie dans le château de la Lechère, par Louis de Brosses, seigneur de Boussac. — 1387.

Provision de la charge de maréchal de France pour Jean de Brosses, seigneur de Boussac. — 17 juillet 1426.

Lettres d'assiettes et également de mille écus pour payer les dettes du maréchal de Brosses. — 1436.